Impressum
Verlag: BABADADA GmbH, Nedderfeld 112 , 22529 Hamburg
Geschäftsführer / Verlagsleitung: Harald Hof
Druck: Books on Demand GmbH, In de Tarpen 42, 22848 Norderstedt

Imprint
Publisher: BABADADA GmbH, Nedderfeld 112 , 22529 Hamburg, Germany
Managing Director / Publishing direction: Harald Hof
Print: Books on Demand GmbH, In de Tarpen 42, 22848 Norderstedt, Germany

школа

chikoro

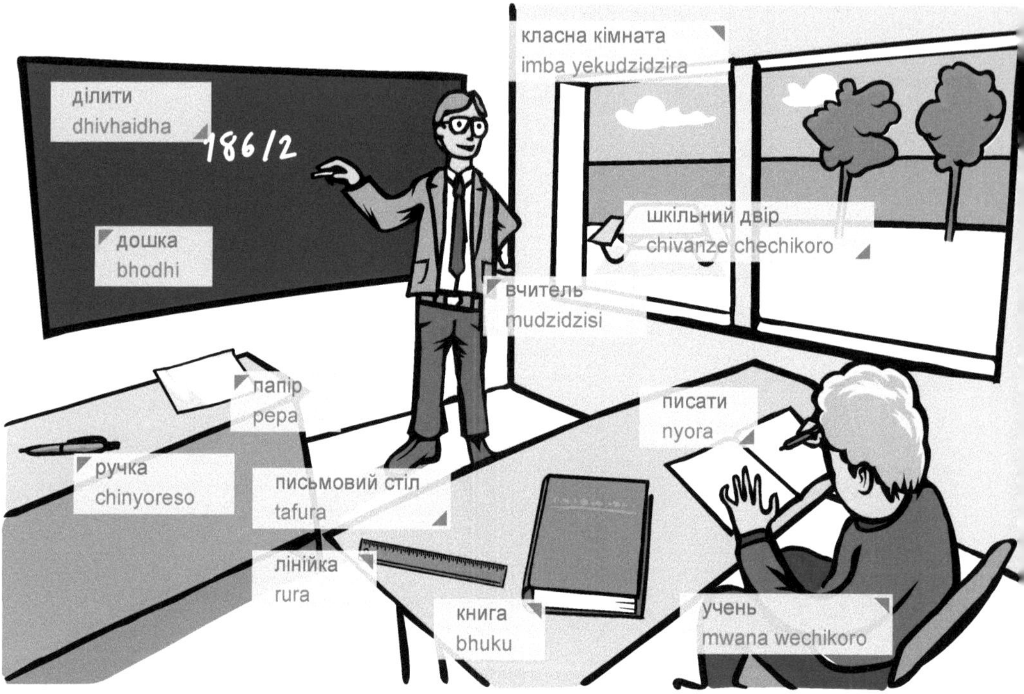

класна кімната
imba yekudzidzira
ділити
dhivhaidha
186/2
дошка
bhodhi
шкільний двір
chivanze chechikoro
вчитель
mudzidzisi
папір
pepa
писати
nyora
ручка
chinyoreso
письмовий стіл
tafura
лінійка
rura
книга
bhuku
учень
mwana wechikoro

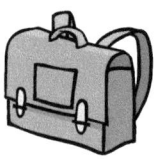

ранець

bhegi

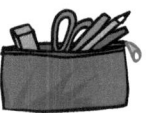

пенал

chekuchengetera mapenzura

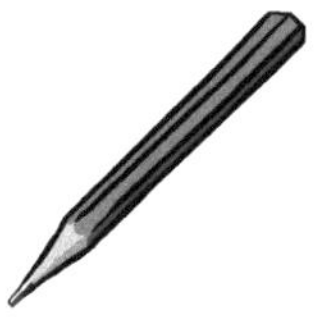

олівець

penzura

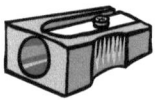

точило

chekurodzesa mapenzura

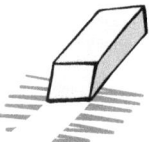

гумка

rabha

альбом для малювання

bhuku rekudhirowera mifananidzo

малюнок

mufananidzo wakadhirowewa

пензель

bhurasho rekupendesa

коробка фарб

bhokisi rependi

ножиці

chigero

клей

guruu

зошит

bhuku rekunyorera

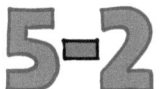

домашнє завдання

basa rinoitirwa kumba

число

nhamba

додавати

sanganisa

віднімати

bvisa

множити

wanziridza

рахувати

kakureta

літера

bhii

абетка

arufabheti

слово

shoko

текст

mashoko

читати

kuverenga

крейда

choko

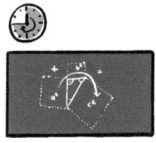

година

chidzidzo

класний журнал

bhuku remazita

екзамен

bvunzo

диплом

setifiketi

шкільна форма

yunifomu yekuchikoro

освіта

dzidzo

лексикон

encyclopedia

університет

yunivhesiti

мікроскоп

maikorosikopu

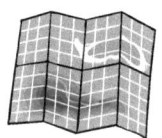

карта

mepu

кошик для паперу

bhini remapepa

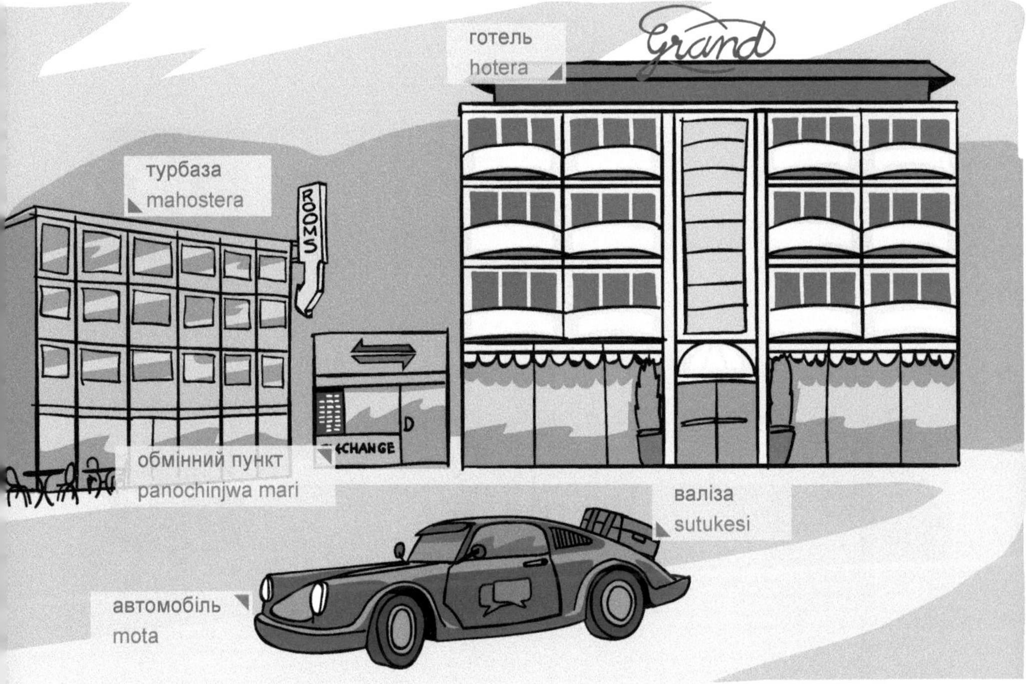

готель
hotera
Grand
турбаза
mahostera
ROOMS
обмінний пункт
panochinjwa mari
валіза
sutukesi
автомобіль
mota

мова

mutauro

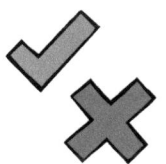

так / ні

hongu / kwete

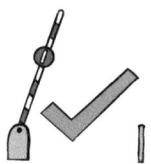

добре

Zvakanaka

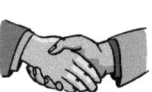

привіт

hesi

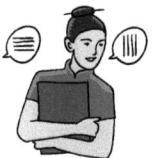

перекладач

mushanduri

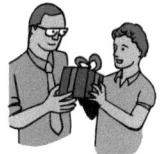

дякую

Mazvita

Скільки коштує ...?

Imarii... ?

Я не розумію

Handisi kunzwisisa

проблема

dambudziko

Добрий вечір!

Manheru!

Доброго ранку!

Mangwanani!

На добраніч!

Murare zvakanaka

До побачення

toonana

напрямок

mafambiro

багаж

katundu

сумка

bhegi

рюкзак

bhegi rekumusana

гість

muenzi

кімната

imba

спальний мішок

bhegi rekurarira

намет

tendi

туристична інформація

mashoko evafambi

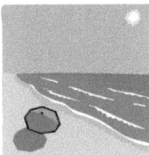

пляж

mahombekombe

кредитна картка

kadhi rekubhengi

сніданок

kudya kwemangwanani

обід

kudya kwemasikati

вечеря

kudya kwemanheru

квиток

tiketi

ліфт

chikwidzo

поштова марка

chitambi

межа

muganhu

митниця

vanoona nezvekupinda munyika

посольство

vamiriri venyika

віза

vhiza

паспорт

pasipoti

транспорт
zvifambiso

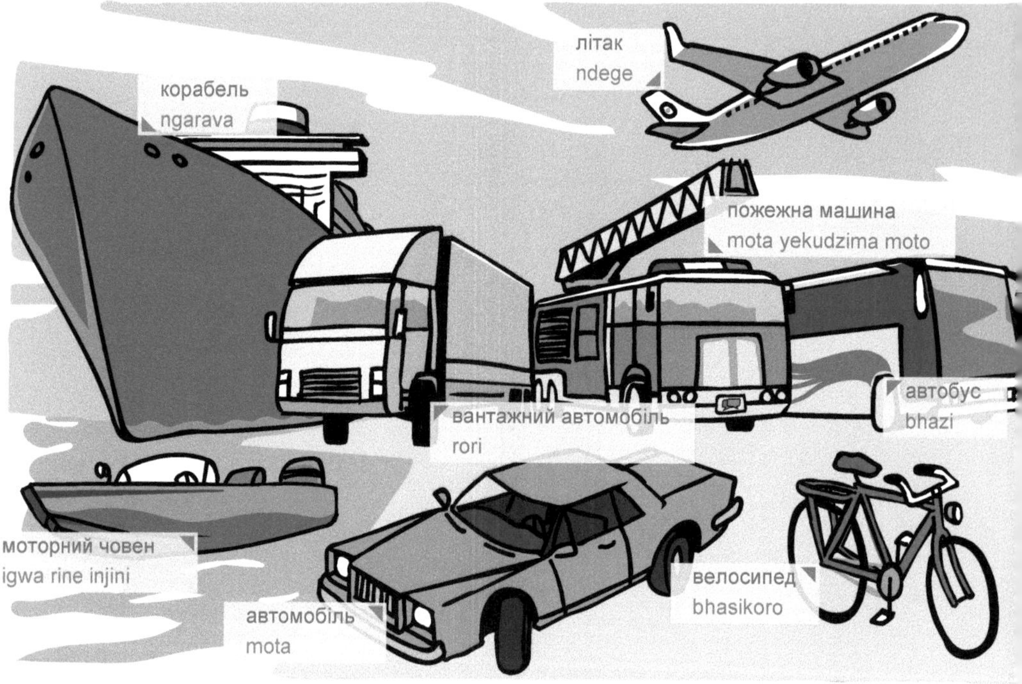

літак
ndege
корабель
ngarava
пожежна машина
mota yekudzima moto
вантажний автомобіль
rori
автобус
bhazi
моторний човен
igwa rine injini
велосипед
bhasikoro
автомобіль
mota

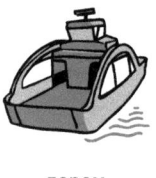

пором
igwa

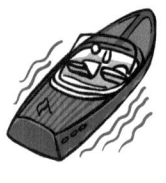

човен
igwa

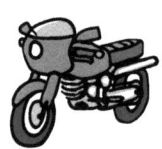

мотоцикл
mudhudhudhu

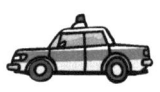

поліцейська машина
mota yemapurisa

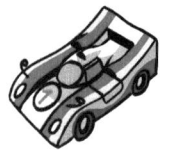

гоночний автомобіль
mota yemujaho

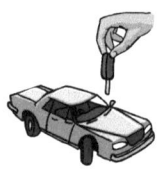

автомобіль на прокат
mota yekuhaya

ільне користування авто

kuhaya mota

евакуатор

mota inodhonza dzinenge dzafa

сміттєвоз

mota yemabhini

двигун

injini

паливо

mafuta

автозаправна станція

garaji remafuta

дорожній знак

chikwangwani chemumugwagwa

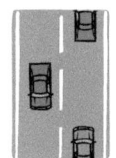

рух

mota

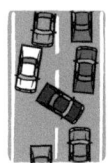

затор

mota dzakawandisa

стоянка

panopakwa mota

вокзал

chiteshi chezvitima

рейки

njanji

потяг

chitima

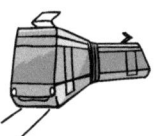

трамвай

tram

вагон

chitima

гелікоптер

chikopokopo

аеропорт

nhandare yendege

вежа

nharire

пасажир

mufambi

контейнер

chikondena

коробка

kadhibhodhi bhokisi

візок

ngoro

кошик

bhasiketi

стартувати / приземлятися

simuka / mhara

місто

guta

село

musha

центр міста

pakati peguta

дім

imba

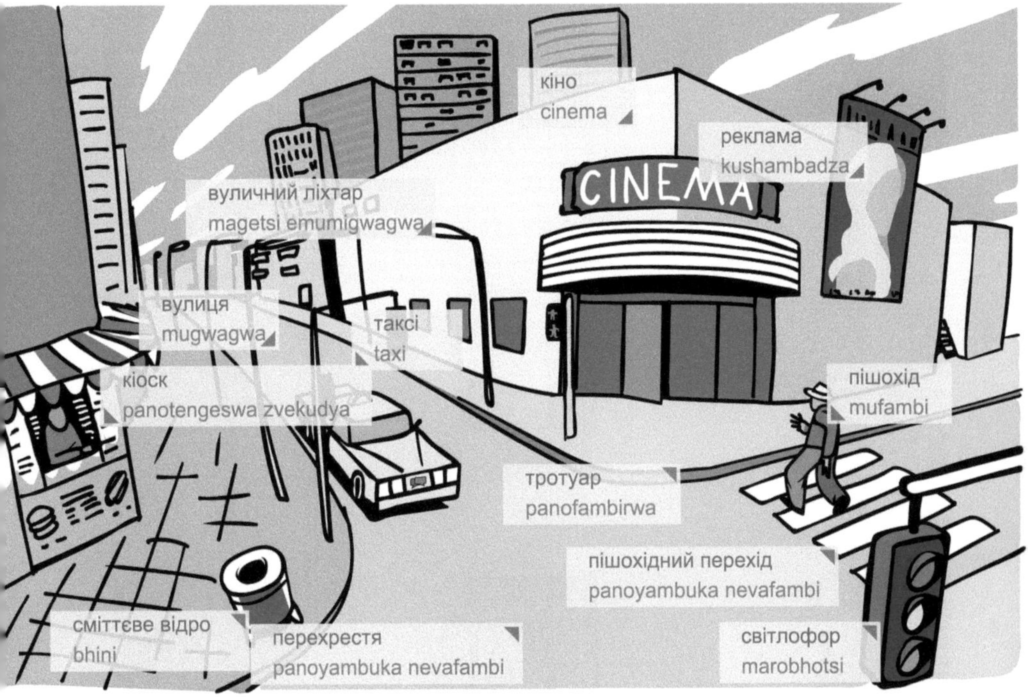

кіно
cinema

реклама
kushambadza

вуличний ліхтар
magetsi emumigwagwa

вулиця
mugwagwa

таксі
taxi

кіоск
panotengeswa zvekudya

пішохід
mufambi

тротуар
panofambirwa

пішохідний перехід
panoyambuka nevafambi

сміттєве відро
bhini

перехрестя
panoyambuka nevafambi

світлофор
marobhotsi

хатина
imba

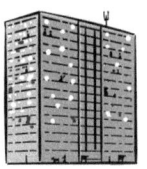

квартира
mafurati

вокзал
chiteshi chezvitima

ратуша
imba yeguta

музей
muziyamu

школа
chikoro

університет

yunivhesiti

банк

bhengi

лікарня

chipatara

готель

hotera

аптека

panotengeswa mishonga

офіс

hofisi

книжковий магазин

chitoro chemabhuku

магазин

chitoro

квітковий магазин

panotengeswa maruva

супермаркет

supamaketi

ринок

musika

універмаг

chitoro chine
madhipatimendi

торговець рибою

panotengeswa hove

торговельний центр

nzimbo ine zvitoro

гавань

chiteshi chengarava

парк
paki

лава
bhenji

міст
bhiriji

сходи
masitepisi

метро
nzira inoenda nepasi

тунель
mugwagwa wepasi

автобусна зупинка
panokwirirwa mabhazi

бар
bhawa

ресторан
resitorendi

поштова скринька
bhokisi retsamba

вулична табличка
chikwangwani
chemugwagwa

лічильник паркування
mita yekupaka

зоопарк
munochengeterwa mhuka

басейн
kunotuhwinirwa

мечеть
mosque

ферма
purazi

забруднення
навколишнього
середовища
kusvibisa

кладовище
kumakuva

церква
chechi

дитячий майданчик
pekutambira

храм
temberi

ландшафт
mamiriro akaita nzvimbo

листок
shizha

вказівний стовп
chikwangwani

шлях
nzira

луг
mafuro

камінь
dombo

дерево
muti

мандрівник
mufambi

річка
rwizi

трава
uswa

квітка
ruva

долина

mupata

гора

gomo

озеро

dhamu

ліс

sango

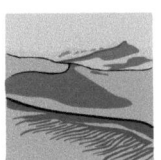

пустеля

gwenga

вулкан

chikwatamabwe

замок

zimba

веселка

muraraungu

гриб

hohwa

пальма

muchindwe

комар

umhutu

муха

nhunzi

мурашка

svosve

бджола

nyuchi

павук

buve

жук

chipembenene

жаба

datya

вивірка

tsindi

їжак

nungu

заєць

tsuro

сова

zizi

птах

shiri

лебідь

swan

кабан

nguruve yemusango

олень

nondo

лось

moose

гребля

dhamu

вітряк

injini yemhepo

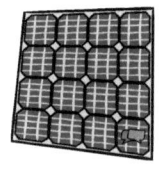

сонячний модуль

panero rezuva

клімат

mamiriro ekunze

ландшафт - mamiriro akaita nzvimbo

ресторан

resitorendi

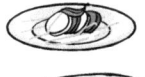

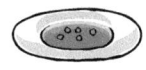

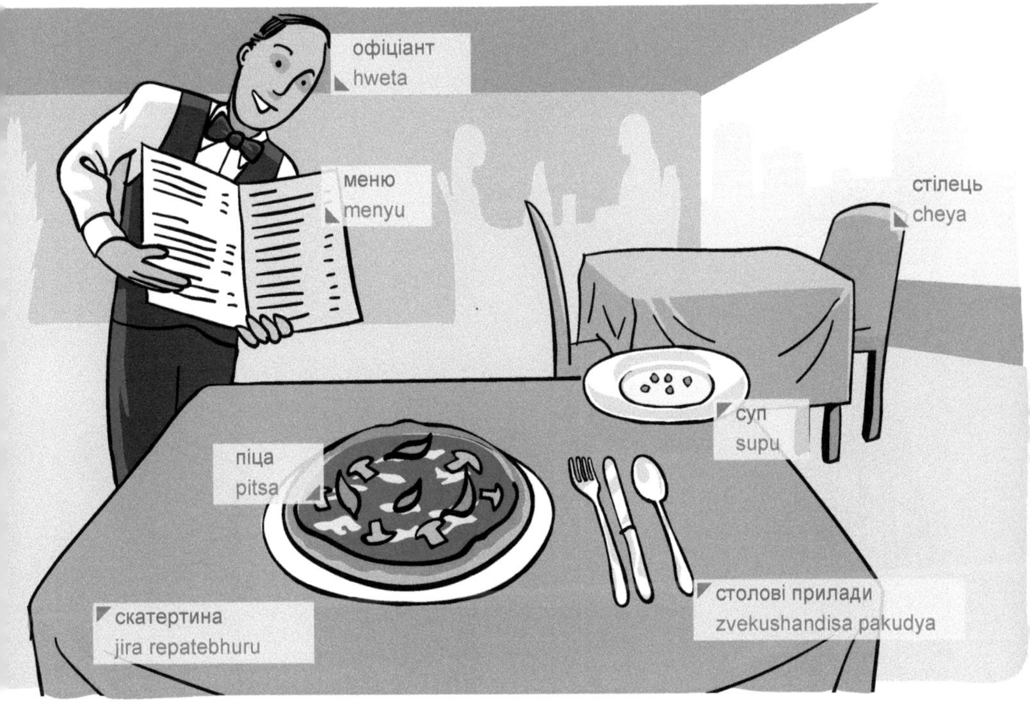
офіціант
hweta
меню
menyu
стілець
cheya
суп
supu
піца
pitsa
столові прилади
zvekushandisa pakudya
скатертина
jira repatebhuru

закуска

zvekusosa nzara

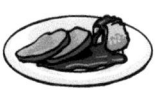

друга страва

zvekudya

десерт

zvekuseredzera

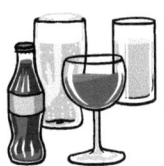

напої

zvekunwa

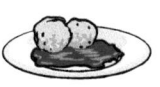

їжа

zvekudya

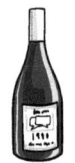

пляшка

bhodhoro

фаст-фуд

zvekudya zvisingatori nguva
kubika

вулична їжа

chikafu chinotengeswa
munzira

чайник

tipoti

цукорниця

gabha reshuga

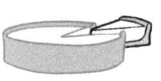

порція

chidimbu

еспресо-машина

muchina wekofi

високий стільчик

cheya yemwana

рахунок

bhiri

піднос

tureyi

ніж

banga

вилка

forogo

ложка

chipunu

чайна ложка

chipunu

серветка

zvekupukutisa muromo

склянка

girazi

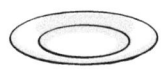

тарілка
ndiro

тарілка для супу
ndiro yesupu

блюдце
ndiro

соус
supu

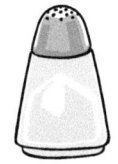

солонка
chekuisira sauti

млин для перцю
chekugaya mhiripiri

оцет
vhiniga

масло
mafuta

спеції
masipaisi

кетчуп
ketchup

гірчиця
mustard

майонез
mayonaizi

супермаркет
supamaketi

пропозиція
zvaderedzwa mitengo
FOR
клієнт
mutengi
молочні продукти
zvinogadzirwa nemukaka
фрукти
michero
візок для покупок
chingoro

BUTCHERS

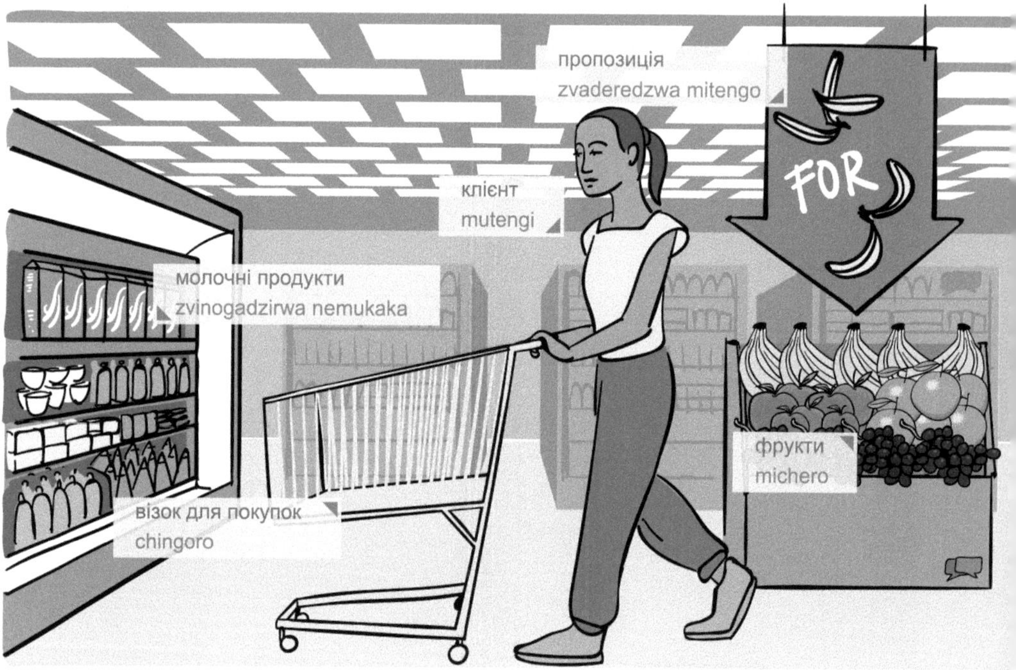

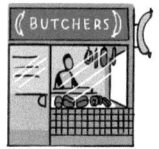

м'ясний магазин

panotengeswa nyama

BAKERY

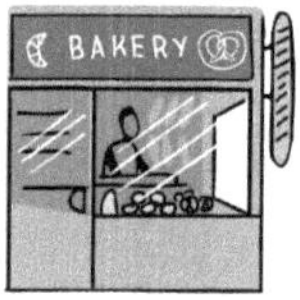

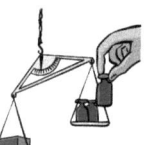

пекарня

panotengeswa chingwa

зважувати

kuyera

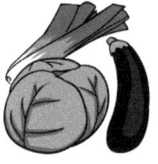

овочі

miriwo

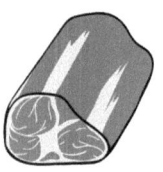

м'ясо

nyama

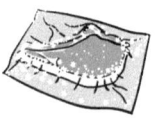

заморожені продукти

zvekudya zvakaoma nechando

ковбасна нарізка

nyama yakatonhora

консерви

zvekudya zvemugaba

пральний порошок

sipo yeupfu yekuwachisa

солодощі

masuwiti

предмети домашнього побуту

zvekushandisa mumba

мийний засіб

zvekuchenesa nazvo

продавщиця

mutengesi

каса

tiru

касир

mutengesi

список покупок

zviri kuda kutengwa

часи роботи

nguva dzekuvhura

гаманець

chikwama

кредитна картка

kadhi rekubhengi

сумка

bhegi

поліетиленовий пакет

pepa rekuisira

вода

mvura

сік

muto wemichero

молоко

mukaka

кола

coke

вино

waini

пиво

doro

алкоголь

doro

какао

cocoa

чай

tii

кава

kofi

еспресо

kofi

капучіно

cappuccino

банан

bhanana

яблуко

apuro

апельсин

orenji

кавун

nwiwa

лимон

ndimu

морква

karotsi

часник

gariki

бамбук

mushenjere

цибуля

hanyanisi

гриб

hohwa

горішки

nzungu

локшина

manoodle

спагеті

spaghetti

рис

mupunga

салат

saradhi

картопля фрі

machipisi

смажена картопля

mbatatisi dzakafuraiwa

піца

pitsa

гамбургер

chingwa chakaruma nyama

бутерброд

sangweji

шніцель

nhindi

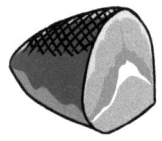

шинка

ham

салямі

salami

ковбаса

soseji

курка

huku

печеня

gochwa

риба

hove

вівсяні пластівці

bota reoats

мюслі

muesli

кукурудзяні пластівці

macornflake

борошно

furawa

круасан

croissant

булочка

chingwa

хліб

chingwa

тостовий хліб

chingwa chakagochwa

печиво

mabhisikiti

масло

bhata

сир

ige

пиріг

keke

яйце

zai

яєчня

zai rakafuraiwa

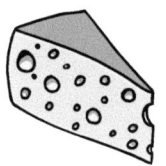

сир

chizi

морозиво

aizikirimu

цукор

shuga

мед

huchi

мармелад

jemu

нуга-крем

chocolate yekuzora

карі

curry

ферма
purazi

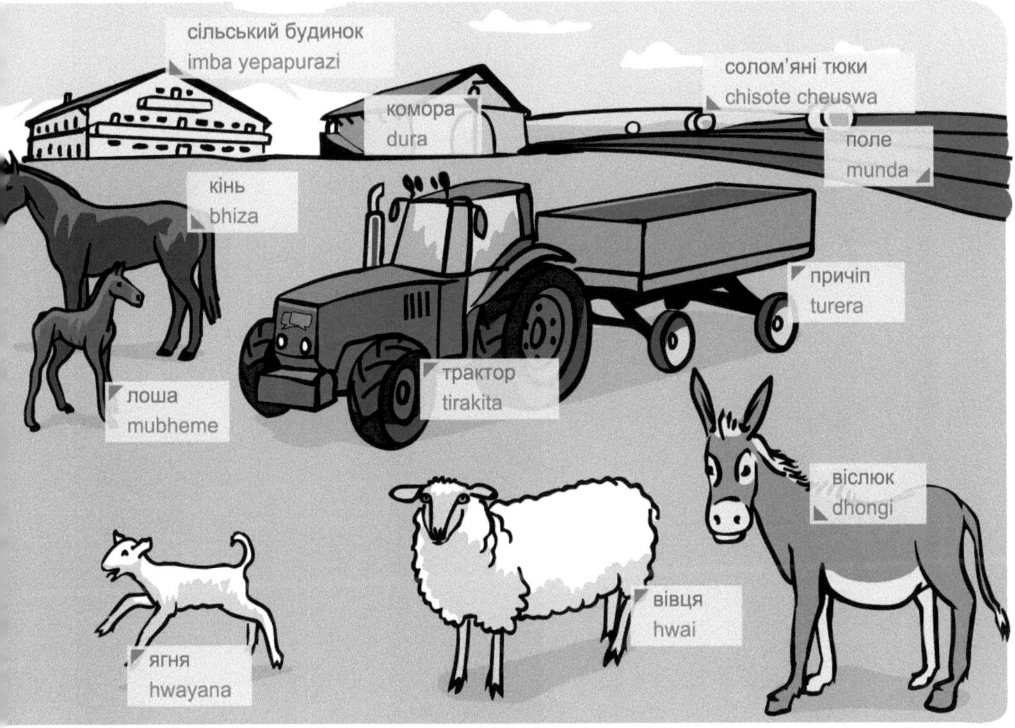

сільський будинок
imba yepapurazi
комора
dura
солом'яні тюки
chisote cheuswa
поле
munda
кінь
bhiza
причіп
turera
трактор
tirakita
лоша
mubheme
віслюк
dhongi
вівця
hwai
ягня
hwayana

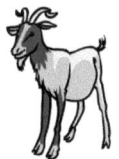

коза

mbudzi

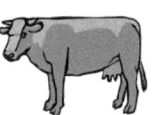

корова

mhou

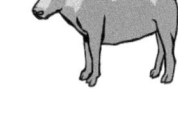

теля

mhuru

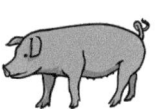

свиня

nguruve

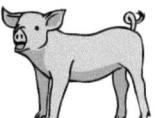

порося

chigwi

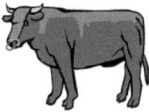

бик

bhuru

гусак

dhadha

качка

dhakisi

курча

nhiyo

курка

tseketsa

півень

jongwe

щур

gonzo

кіт

katsi

миша

mbeva

віл

dhonza

собака

imbwa

собача будка

imba yembwa

садовий шланг

pombi yemvura

лійка

keni yekudiridzisa

коса

jeko

плуг

gejo

серп

jeko

мотика

badza

вила

forogo

сокира

demo

тачка

bhara

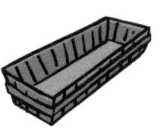

корито

chidyiro

бідон молока

bhodhoro remukaka

мішок

saga

паркан

fenzi

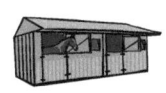

хлів

danga

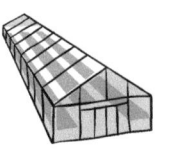

теплиця

greenhouse

ґрунт

ivhu

насіння

mbeu

добриво

fetereza

комбайн

mota yekukohwesa

пожинати

kukohwa

урожай

gohwo

корінь ямсу

mbatatisi

пшениця

gorosi

соя

soya

картопля

mbatatisi

кукурудза

chibage

ріпак

rapeseed

плодове дерево

muti wemichero

маніок

mufarinya

злаки

mbesa

димохід
chimbini

дах
denga

водостічний лоток
pombi inorasa mvura

вікно
hwindo

гараж
garaji

дзвінок
bhero repamusiwo

двері
musiwo

відро для сміття
bhini remarara

поштова скринька
bhokisi retsamba

сад
gadheni

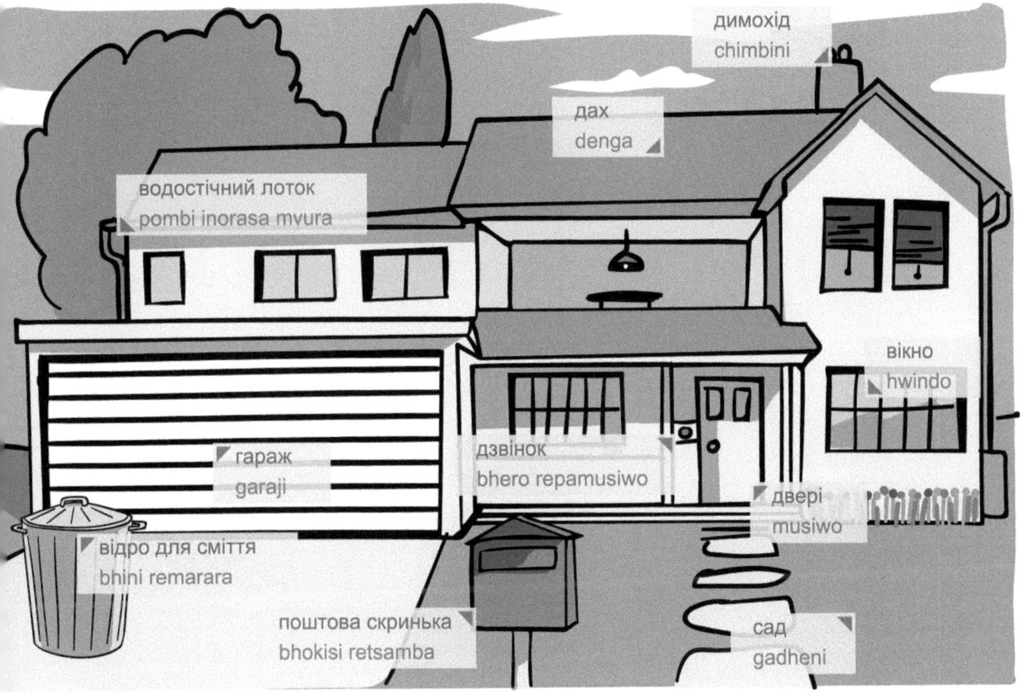

вітальня
imba yekutandarira

ванна кімната
mekugezera

кухня
kicheni

спальня
imba yekurara

дитяча кімната
imba yemwana

їдальня
imba yekudyira

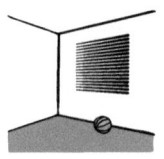

підлога

uriri

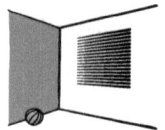

стіна

madziro

стеля

denga

підвал

imba yepasi

сауна

sauna

балкон

vharanda repadenga

тераса

uriri hwepadenga

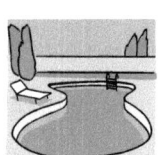

басейн

dziva rekushambira

косарка

muchina wekuchekesa uswa

простирало

jira

ковдра

chekufukidza mubhedha

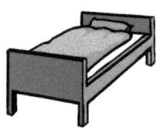

ліжко

mubhedha

мітла

bhurumu

відро

bhaketi

перемикач

suwichi

вітальня
imba yekutandarira

шпалери
pepa remadziro
малюнок
pikicha
лампа
rambi
поличка
sherufu
шафа
kabhati
телевізор
TV
камін
nzvimbo yemoto
квітка
ruva
подушка
kusheni
диван
sofa
ваза
vhazi
пульт
rimoti

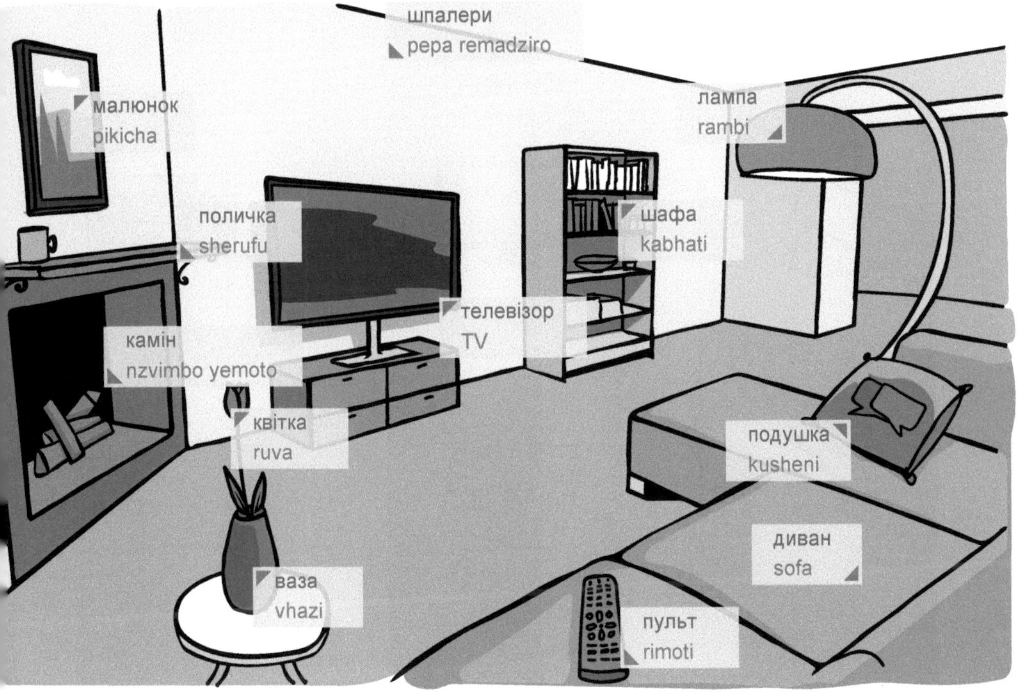

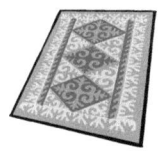

килим

kapeti

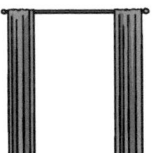

завіса

keteni

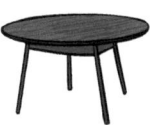

стіл

tebhuru

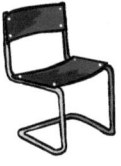

стілець

cheya

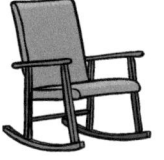

крісло-гойдалка

cheya inozeya

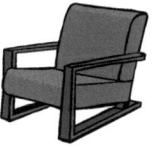

крісло

cheya ine pekuisa maoko

книга

bhuku

ковдра

gumbeze

прикраса

marongedzero

дрова

huni

фільм

firimu

стереосистема

redhiyo yehi-fi

ключ

kii

газета

pepanhau

картина

mufananidzo

плакат

posita

радіо

redhiyo

блокнот

pekunyorera

пилосос

muchina wekuhuvhisa

кактус

chinanazi

свічка

kenduru

кухня
kicheni

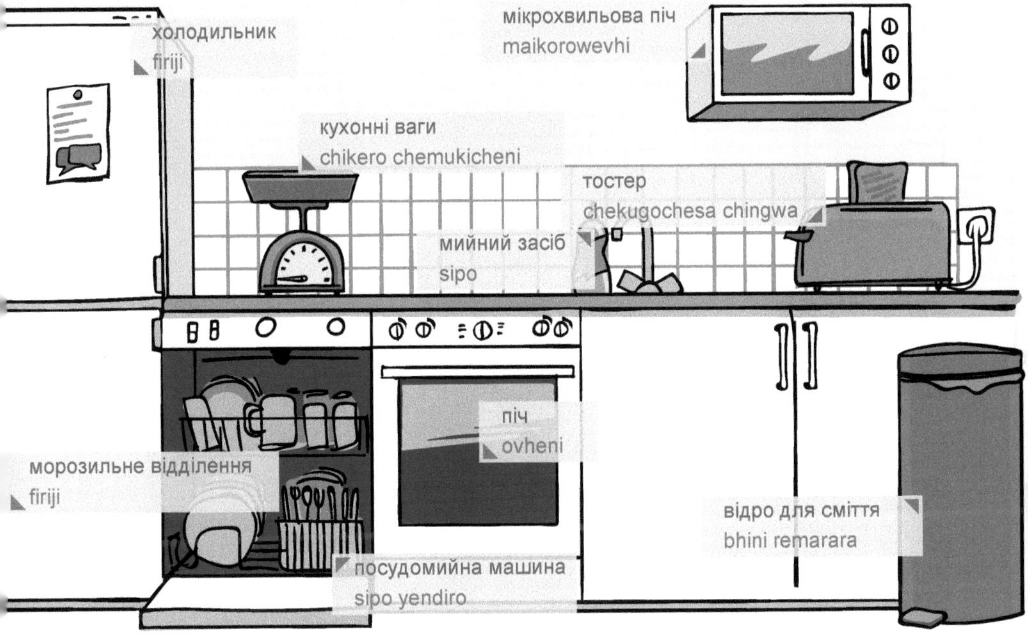
холодильник
firiji
мікрохвильова піч
maikorowevhi
кухонні ваги
chikero chemukicheni
тостер
chekugochesa chingwa
мийний засіб
sipo
піч
ovheni
морозильне відділення
firiji
відро для сміття
bhini remarara
посудомийна машина
sipo yendiro

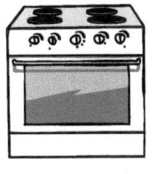

плита

chitofu

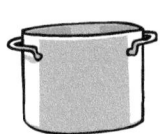

горщик

poto

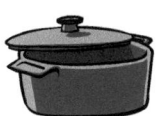

чавунний горщик

poto yesimbi

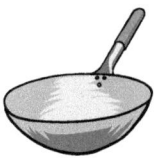

вок / кадай

wok / kadai

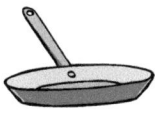

сковорода

pani

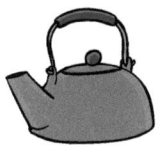

чайник

ketero

пароварка

chekubikisa neutsi hwemvura

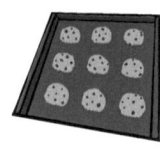

лист

turei yekubhekesa

посуд

ndiro

кухоль

kapu

чаша

dishi

палички для їжі

tumiti twekudyisa

черпак

chipunu

лопатка

chipunu

вінчик для збивання

chekusanganisisa

сито

chekukunisa

сито

chekukunisa

терка

chekugiretesa

ступка

duri

барбекю

chiwaya

багаття

moto

дошка

chekuchekera

качалка

chekutsimbiririsa mukanyiwa

штопор

chekuvhurisa mabhodhoro ewaini

конзерва

tini

відкривачка

chekuvhurisa tini

прихватки

girovhosi rekubatisa zvinopisa

раковина

singi

щітка

bhurasho

губка

chipanji

міксер

chinosanganisa

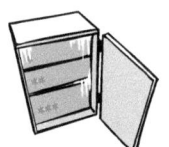

морозильна камера

firiji

дитяча пляшка

bhodhoro remwana

кран

pombi

ванна кімната
mekugezera

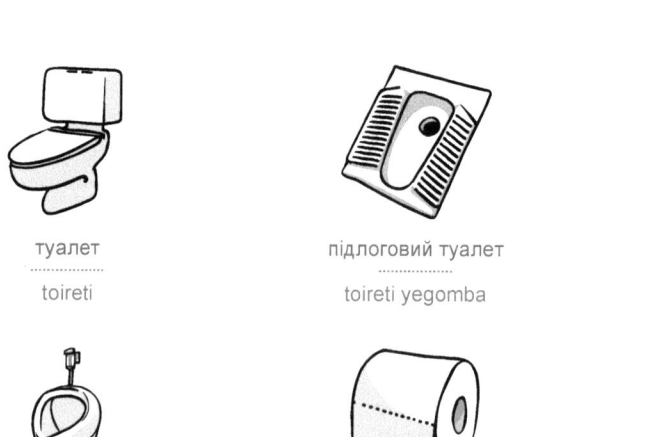

опалення
chinodziisa mumba
рушник
tauro
душ
shawa
душова завіса
keteni remushawa
піниста ванна
mvura yekugeza ine furo
ванна
mekugezera
склянка
girazi
пральна машина
muchina wekuwachisa
кран
pombi
плитка
mataira
горшок
chipoti chemwana
раковина
singi

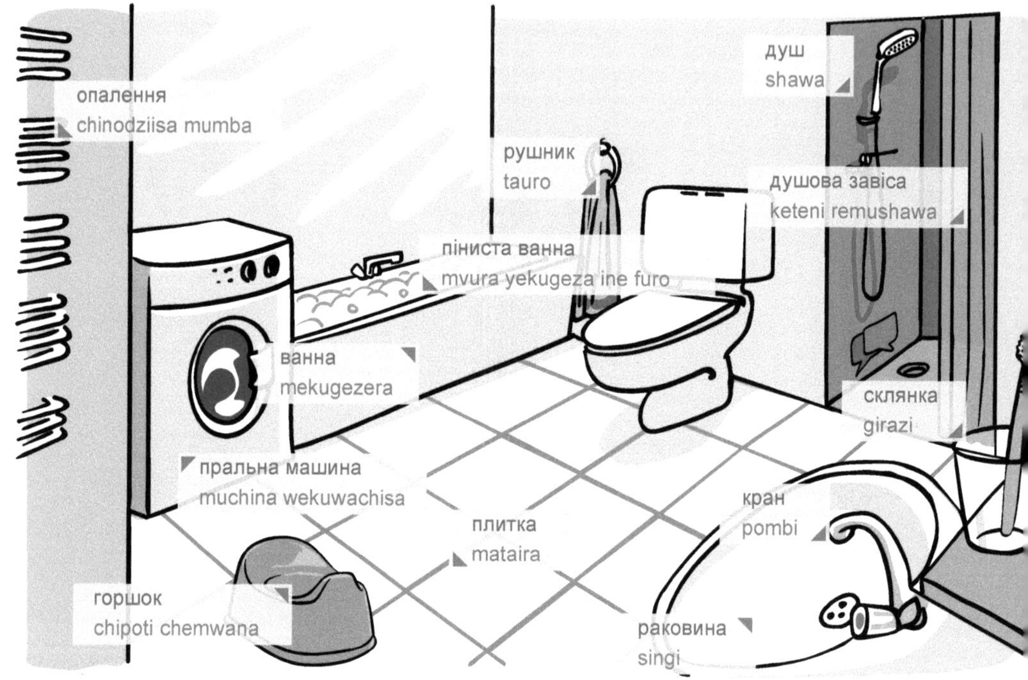

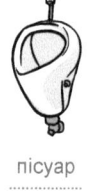

туалет

toireti

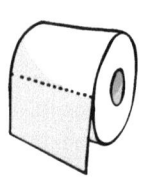

підлоговий туалет

toireti yegomba

біде

chemba

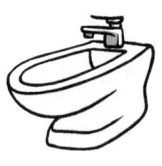

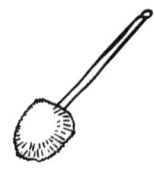

пісуар

chekuitira weti chevarume

туалетний папір

pepa remutoireti

щітка для туалету

bhurasho remutoireti

зубна щітка

bhurasho remazino

зубна паста

mushonga wemazino

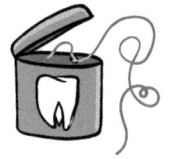

нитка для чищення зубів

tambo yekugezesa mazino

мити

kugeza

ручний душ

shawa yekuita zvekubata

інтимний душ

douche

таз

bheseni

щітка для спини

bhurasho remusoro

мило

sipo

гель для душу

ipo yekugezesa mushawa

шампунь

shambuu

мочалка

chekugezesa

водостік

dhireni

крем

mafuta

дезодорант

chinonhuwirira

дзеркало

girazi

косметичне дзеркало

girazi remumaoko

бритва

chekugeresa ndebvu

піна для гоління

furo rekugeresa ndebvu

лосьйон після гоління

mafuta ekuzora wagera ndebvu

гребінь

kamu

щітка

bhurasho

фен

chekuomesa bvudzi

лак для волосся

mushonga wekupfapfaidza musoro

косметика

zvekupodesa

губна помада

chekupendesa muromo

лак для нігтів

chekupendesa nzara

вата

donje

ножиці для нігтів

chigero chenzara

парфум

pefiyumu

косметичка

bhegi rezvekugezesa

табурет

chituro

ваги

chikero

халат

bathrobe

гумові рукавички

magirovhosi erabha

тампон

tampon

гігієнічні прокладки

pedhi

біотуалет

toireti inotakurwa

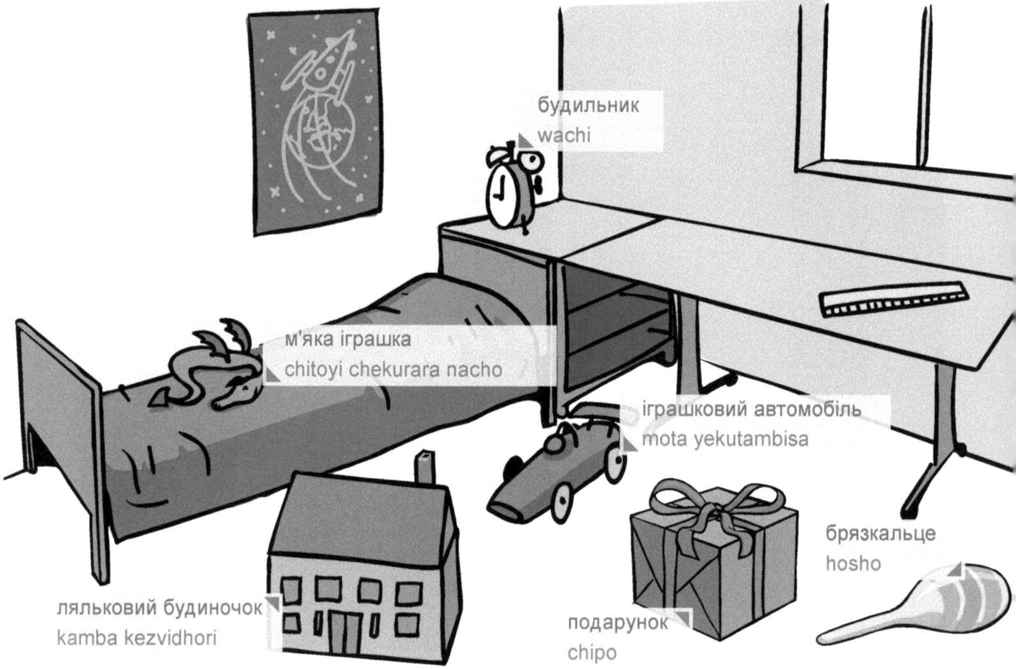

будильник
wachi

м'яка іграшка
chitoyi chekurara nacho

іграшковий автомобіль
mota yekutambisa

брязкальце
hosho

ляльковий будиночок
kamba kezvidhori

подарунок
chipo

повітряна кулька

chibharuma

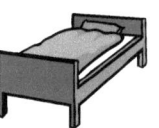

ліжко

mubhedha

дитячий візок

purema

картярська гра

makadhi ekutamba

пазл

puzzle

комікс

makatuni ekuverenga

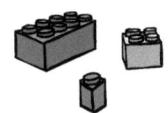

лего цеглинки

zvekuvakisa zvinhu

блоки

mabhuroko ekuvakisa

іграшкова фігурка

chidhori

повзунки

babygrow

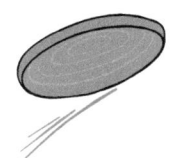

фризбі

chekutambisa uchikanda

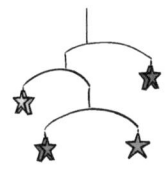

мобіле

zvekuvaraidza mwana

настільна гра

gemu rinotambirwa
pabhodhi

кубик

dhaisi

модель залізнична станція

zvitima zvekutambisa

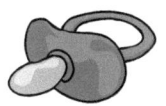

соска

chidhami

вечірка

mabiko

книжка з картинками

bhuku remapikicha

м'яч

bhora

лялька

chidhori

грати

kutamba

пісочниця

majecha ekutambira

гойдалка

muzeerere

іграшка

zvekutambisa

гральна консоль

chekutambisa magemu
emavhidhiyo

триколісний велосипед

kabhasikoro kemavhiri
matatu

плюшевий мішка

teddy bear

шафа

wadhiropu

одяг

zvipfeko

шкарпетки

masokisi

панчохи

masokisi

колготки

matirauzi anobata muviri

шарф
sikavha

ремінь
bhandi

парасоля
amburera

футболка
t-sheti

кросівки
bhutsu

чоботи
majombo

домашнє взуття
bhutsu

сандалі
....
masanduru

взуття
....
bhutsu

гумові чоботи
....
magambutsu

труси
....
nduwe

бюстгальтер
....
bhodhi

нижня сорочка
....
vhesi

одяг - zvipfeko

боді

muviri

штани

tirauzi

джинси

jini

спідниця

siketi

блузка

bhurauzi

сорочка

hembe

пуловер

bhachi

светр

chibhachi

піджак

bhachi

куртка

bhachi

пальто

jasi

дощовик

renikoti

костюм

koshitomu

сукня

dhirezi

весільна сукня

dhirezi remuchato

костюм
....
sutu

нічна сорочка
....
hembe yekurarisa

піжама
....
mapijama

сарі
....
chari

головна хустка
....
headscarf

чалма
....
heti

бурка
....
burqa

кафтан
....
kaftan

абая
....
abaya

купальник
....
hembe yekutuhwinisa

плавки
....
chikabudura

шорти
....
chikabudura

тренувальний костюм
....
tirekisutu

фартух
....
apuroni

рукавички
....
magirovhosi

гудзик

bhatani

окуляри

magirazi

браслет

bhenguru

ланцюг

chuma

кільце

rin'i

сережка

mhete

шапка

kepisi

плічка

hen'a

капелюх

heti

краватка

tai

застібка-блискавка

zipi

шолом

herumeti

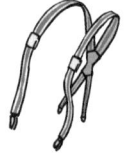

підтяжки

mabhandi

шкільна форма

yunifomu yekuchikoro

уніформа

yunifomu

нагрудник

chibhibhi

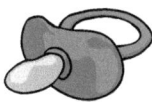

соска

chidhami

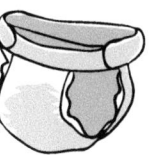

підгузок

napukeni

офіс
hofisi

сервер
server

шаф для документів
kabhineti

принтер
muchina wekuprindisa

монітор
sikirini

папір
pepa

письмовий стіл
tafura

миша
mouse

папка
fayera

синтезатор
keyboard

кошик для паперу
bhini remapepa

комп'ютер
kombiyuta

стілець
cheya

кавовий кухоль

kapu yekofi

калькулятор

kakureta

інтернет

indaneti

ноутбук

laptop

лист

tsamba

повідомлення

tsamba

мобільний телефон

serura

мережа

network

копіювальний пристрій

muchina wekufotokopesa

програмне забезпечення

software

телефон

foni

розетка

pekupfekera magetsi

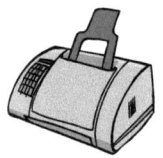

факс

muchina wefax

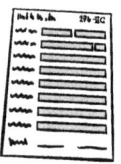

бланк

fomu

документ

gwaro

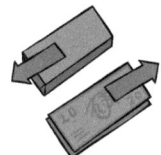

купувати

kutenga

платити

kubhadhara

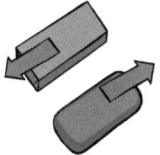

торгувати

kutengesa

гроші

mari

долар

Dhora

євро

Euro

ієна

Yen

рубль

rouble

франк

Swiss franc

юанів женьміньбі

renminbi yuan

рупія

rupee

банкомат

panobhadharwa

обмінний пункт
panochinjwa mari

золото
goridhe

срібло
sirivha

нафта
mafuta

енергія
magetsi

ціна
mutengo

контракт
chibvumirano

податок
mutero

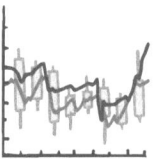

акція
masitoku

працювати
kushanda

працівник
mushandi

роботодавець
mushandirwi

фабрика
fekitari

магазин
chitoro

економіка - mamiriro eupfumi

поліцейський
mupurisa

пожежник
mudzimi wemoto

повар
mubiki

лікар
chiremba

пілот
mutyairi wendege

садівник
mushandi wemugadheni

столяр
muvezi

швачка
mukadzi anosona

суддя
mutongi

хімік
anoita zvemishonga

актор
ekita

водій автобуса

mutyairi webhazi

таксист

mutyairi wetaxi

рибалка

muredzi

прибиральниця

mudzimai anochenesa

покрівельник

anogadzira denga

офіціант

hweta

мисливець

muvhimi

художник

anopenda

пекар

mubiki wechingwa

електрик

mugadziri wemagetsi

будівельник

muvaki

інженер

injiniya

забійник

mushandi wemubhucha

бляхар

puramba

листоноша

positimeni

солдат

musoja

архітектор

anoita mapurani edzimba

касир

mutengesi

флорист

mugadziri wemaruva

перукар

mugadziri wemusoro

кондуктор

kondakita

механік

makanika

капітан

kaputeni

дантист

chiremba wemazino

вчений

musayindisti

рабин

rabbi

імам

imam

монах

mumonk

пастор

mufundisi

молоток
sando

щипці
pinjisi

викрутка
sikuruudhiraivha

гайковий ключ
chipanera

кишеньковий л
tochi

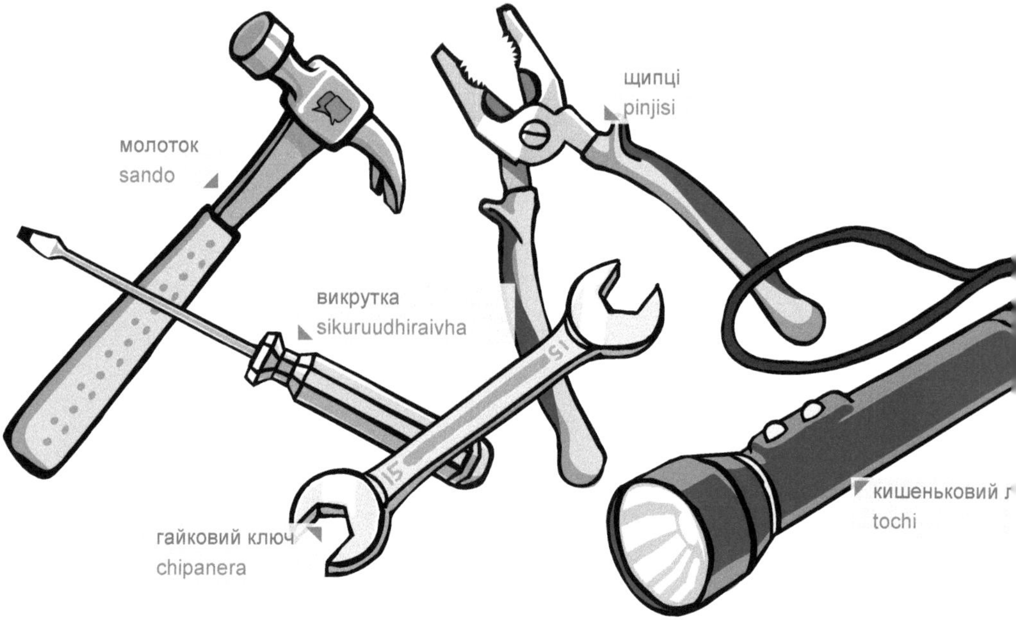

екскаватор

chikatapira

ящик для інструментів

bhokisi rematurusi

драбина

manera

пилка

saha

цвяхи

zvipikiri

свердло

chibooreso

ремонтувати

kugadzira

лопата

foshoro

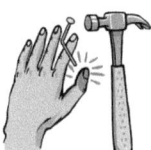

лайно!

Nxa!

совок

chidyoreso

відро з фарбою

gaba rependi

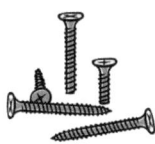

гвинти

masikuruu

музичні інструменти
zviridzwa

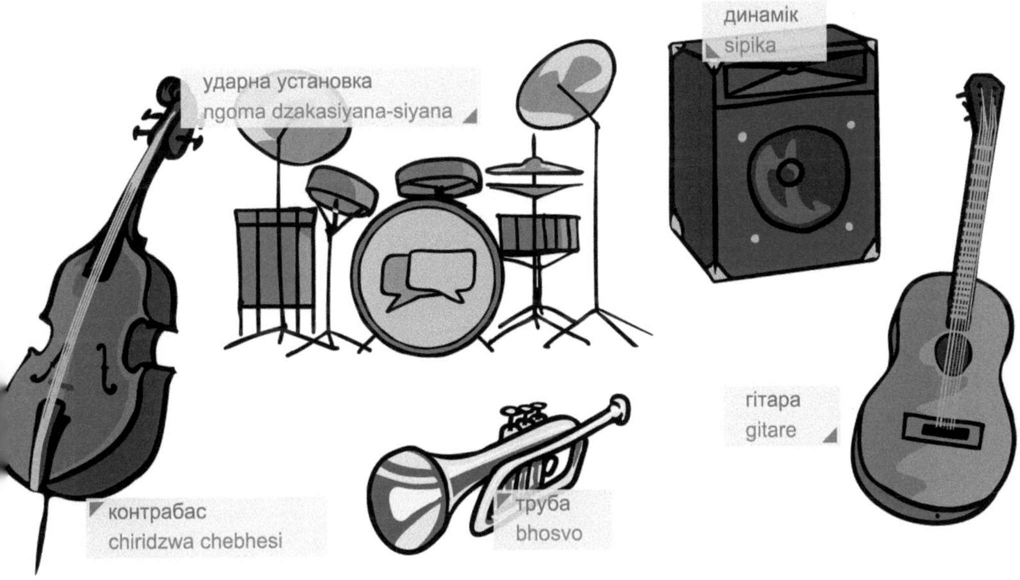

ударна установка
ngoma dzakasiyana-siyana

динамік
sipika

контрабас
chiridzwa chebhesi

труба
bhosvo

гітара
gitare

фортепіано

piyano

скрипка

violin

бас

gitare rebhesi

литаври

ngoma

барабан

ngoma

клавіатура

piyano yemagetsi

саксофон

saxophone

флейта

nyere

мікрофон

maikorofoni

зоопарк
munochengeterwa mhuka

вхід
pekupindisa

тигр
tiger

клітка
chizarira

зебра
mbizi

корм
chikafu chemhuka

панда
panda

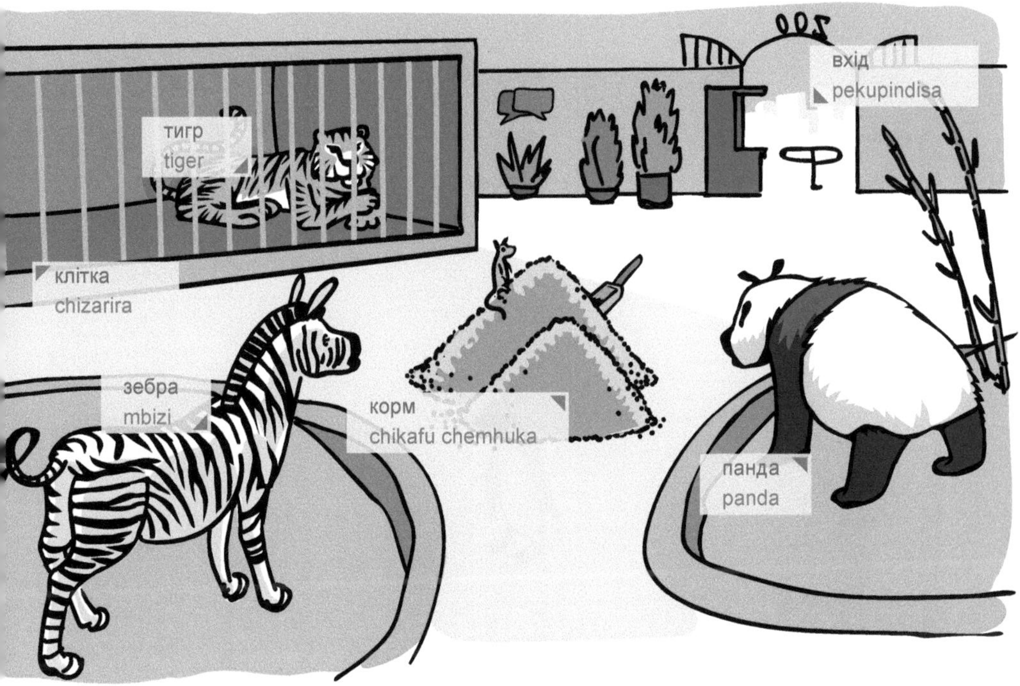

тварини

mhuka

слон

nzou

кенгуру

kangaruru

носоріг

chipembere

горила

gorilla

ведмідь

bear

верблюд

ngamera

страус

mhou

лев

shumba

мавпа

tsoko

фламінго

flamingo

папуга

parrot

білий ведмідь

bear rekuchando

пінгвін

penguin

акула

shark

павич

pikoko

змія

nyoka

крокодил

garwe

працівник зоопарку

muchengeti wenzvimbo
yemhuka

тюлень

seal

ягуар

jaguar

поні

nyurusi

леопард

ingwe

гіпопотам

mvuu

жираф

twiza

орел

gondo

кабан

nguruve yemusango

риба

hove

черепаха

kamba

морж

walrus

лисиця

gava

газель

nhoro

американський футбол
bhora rekuAmerica

їзда на велосипеді
kuchovha

теніс
tenisi

баскетбол
bhora rebhasiketi

плавання
kutuhwina

хокей
hockey yemuchando

бокс
tsiva

футбол
nhabvu

бадмінтон
badminton

легка атлетика
zvekumhanya

гандбол
bhora remaoko

лижні перегони
kuita ski

поло
polo

дії

mabasa

стрибати
kusvetuka
обіймати
kumbundira
сміятися
kuseka
йти
kufamba
співати
kuimba
мріяти
kurota
молитися
kunyengetera
цілувати
kutsvoda

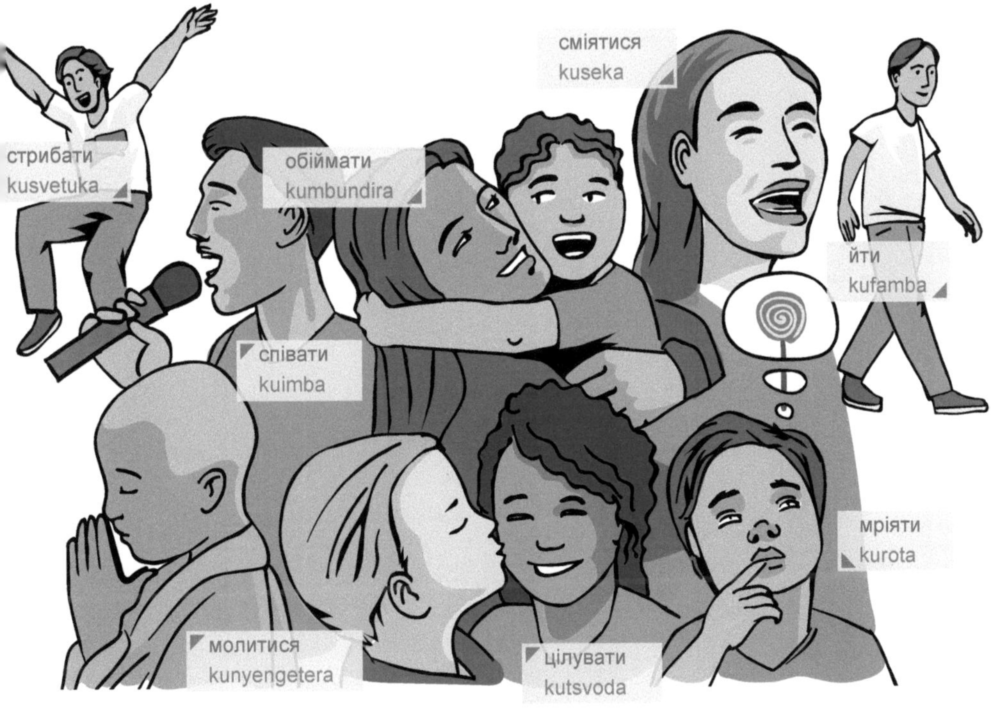

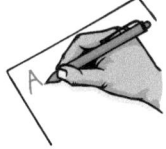

писати

nyora

малювати

kudhirowa

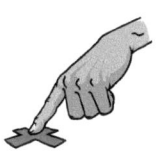

показувати

kuratidza

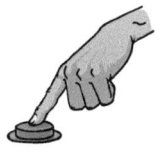

тиснути

kusunda

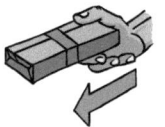

давати

kupa

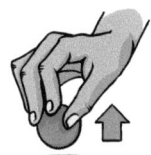

брати

kutora

мати

kuva ne

робити

kuita

бути

kuva

стояти

kumira

бігати

kumhanya

тягнути

kudhonza

кидати

kukanda

падати

kudonha

лежати

kurara

очікувати

kumirira

носити

kutakura

сидіти

kugara

одягати

kupfeka

спати

kurara

просипатися

kumuka

дивитися

kutarisa

плакати

kuchema

гладити

kupuruzira

розчісувати

kukama

розмовляти

kutaura

розуміти

kunzwisisa

питати

kubvunza

слухати

kuteerera

пити

kunwa

їсти

kudya

прибирати

kuchenesa

любити

kuda

варити

kubika

їхати

kutyaira

літати

kubhururuka

йти під вітрилом

kufambiswa nemhepo

рахувати

kakureta

читати

kuverenga

вчитися

kudzidza

працювати

kushanda

одружуватися

kuroora / kuroorwa

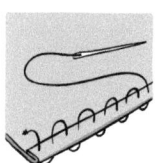

шити

kusona

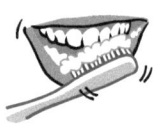

чистити зуби

kukwesha mazino

убивати

kuuraya

курити

kuputa

посилати

kutumira

бабуся
ambuya

дідуся
sekuru

батько
baba

мати
amai

немовля
mwana

донька
mwanasikana

син
mwanakomana

гість

muenzi

тітка

tete

дядько

sekuru

брат

hanzvadzikomana

сестра

hanzvadzisikana

тіло

muviri

чоло
huma
око
ziso
плече
bendekete
палець
munwe
обличчя
chiso
підборіддя
chirebvu
кисть
ruoko
нога
gumbo
груди
chipfuva
рука
ruoko

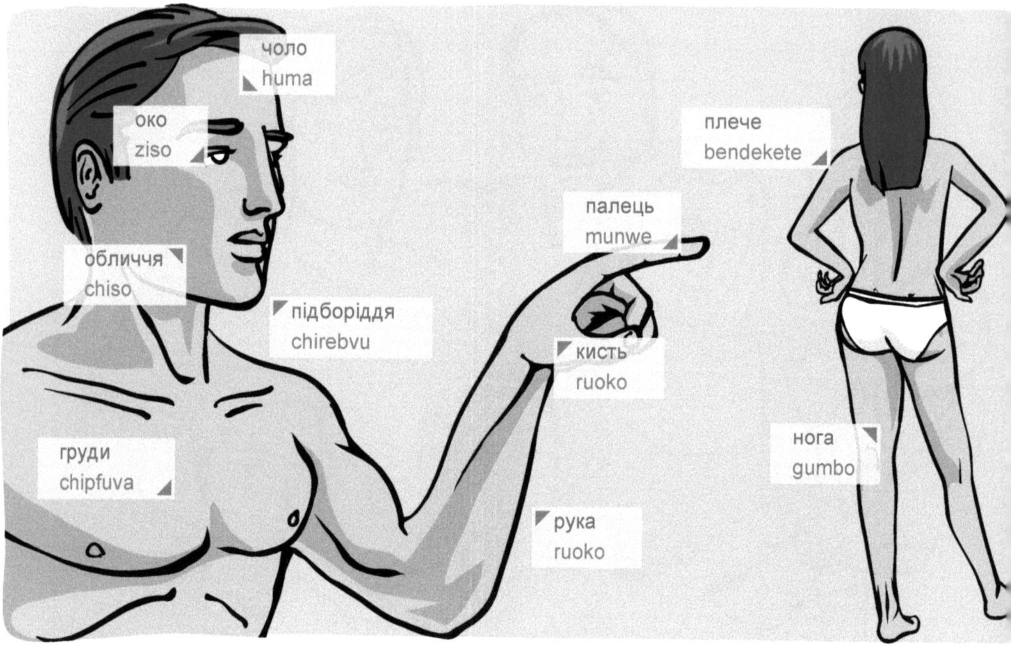

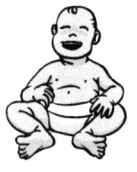

немовля

mwana

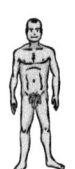

чоловік

murume

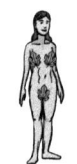

жінка

mukadzi

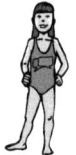

дівчина

musikana

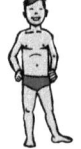

хлопчик

mukomana

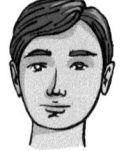

голова

musoro

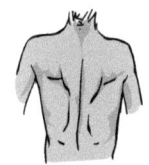

спина

musana

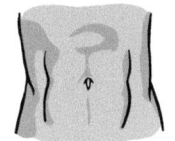

живіт

dumbu

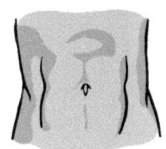

пуп

guvhu

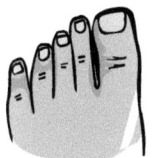

палець ноги

chigunwe

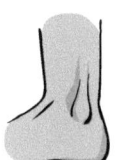

п'ята

chitsitsinho

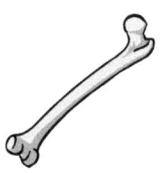

кістка

bhonzo

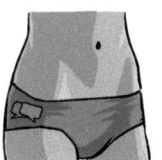

стегно

hudyu

коліно

ibvi

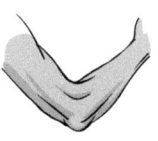

лікоть

gokora

ніс

mhino

сідниці

garo

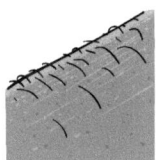

шкіра

ganda

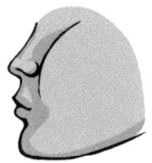

щока

dama

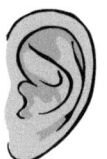

вухо

nzeve

губа

muromo

тіло - muviri

рот

mukanwa

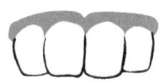

зуб

zino

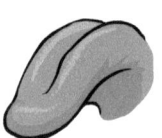

язик

rurimi

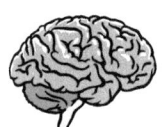

мозок

uropi

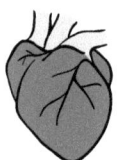

серце

mwoyo

м'яз

tsandanyama

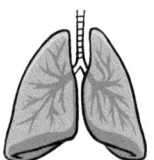

легені

bapu

печінка

chitaka

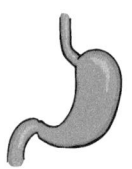

шлунок

dumbu

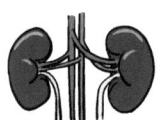

нирки

itsvo

статевий акт

kuita bonde

презерватив

kondomu

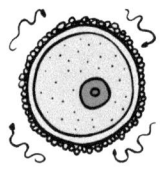

яйцеклітина

zai

сперма

urume

вагітність

nhumbu

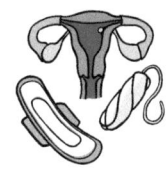

менструація
kuenda kumwedzi

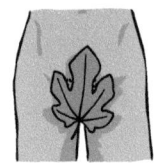

вагіна
sikarudzi

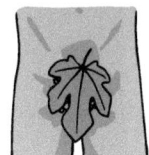

пеніс
mboro

брова
tsiye

волосся
bvudzi

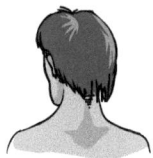

шия
mutsipa

лікарня

chipatara

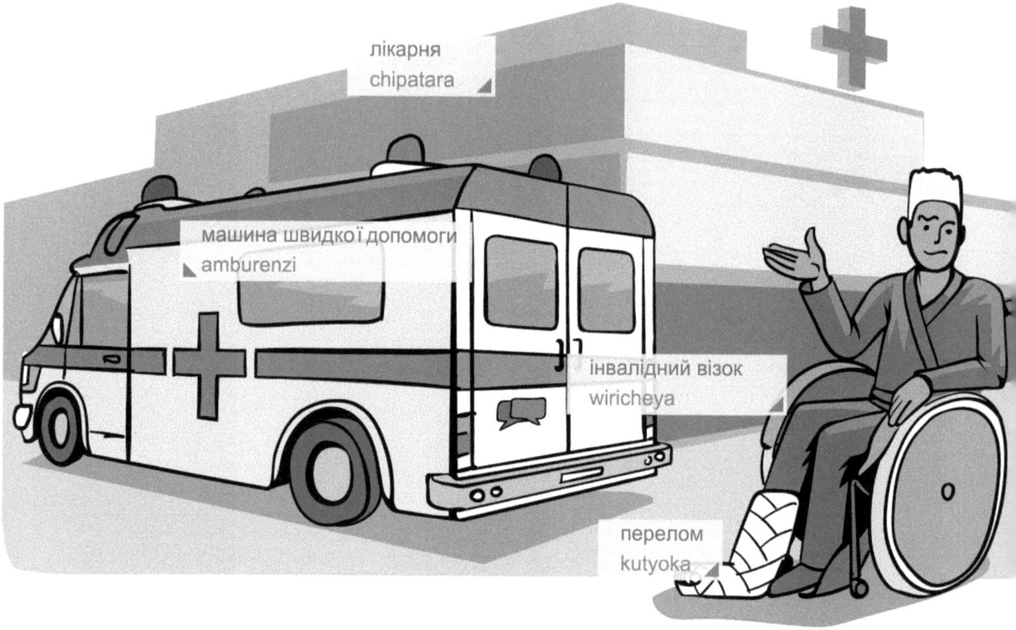

лікарня
chipatara
машина швидкої допомоги
amburenzi
інвалідний візок
wiricheya
перелом
kutyoka

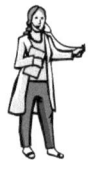

лікар

chiremba

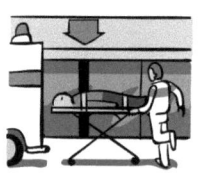

відділення швидкої медичної допомоги

imba yerubatsiro

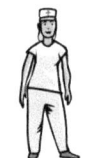

медсестра

nesi

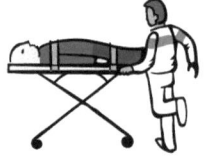

аварійний випадок

zvekukurumidza

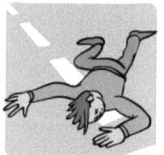

непритомний

kufenda

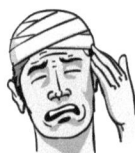

біль

rwadza

травма

kukuvara

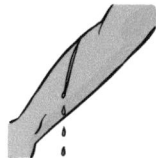

кровотеча

kubuda ropa

інфаркт

kuerekana mwoyo
usisashandi

інсульт

kuoma rutivi

алергія

zvinorwarisa

кашель

chikosoro

лихоманка

fivha

грип

furuu

пронос

manyoka

головна біль

kutemwa nemusoro

рак

mhuka

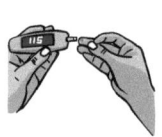

діабет

chirwere cheshuga

хірург

muvhiyi

скальпель

kabanga keoparesheni

операція

oparesheni

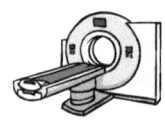

КТ
CT

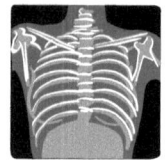

рентген
x-ray

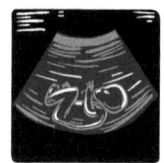

ультразвук
ultrasound

маска
chekuvharisa mhino nemuromo

хвороба
chirwere

зал очікування
mekumirira kurapiwa

милиця
chidhondoro

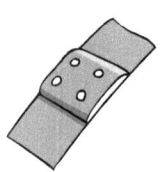

пластир
purasita

пов'язка
bhandiji

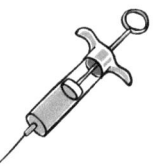

ін'єкція
jekiseni

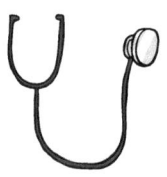

стетоскоп
chekuteerera nacho mukati

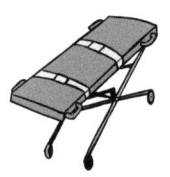

ноші
kamubhedha kemurwere

термометр
chekutoresa nacho tembiricha

народження
kuzvara

надмірна вага
kufuta

лікарня - chipatara

слуховий апарат

chekubatsira kunzwa

дезінфікуючий засіб

mushonga unouraya
utachiona

інфекція

utachiona

вірус

vhairasi

ВІЛ / СНІД

HIV / AIDS

медицина

mushonga

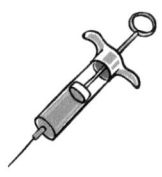

вакцинація

kudzivirira zvirwere

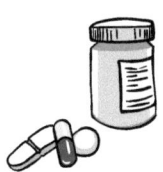

таблетки

mapiritsi

протизаплідна пігулка

piritsi

екстрений виклик

kufonera rubatsiro ipapo
ipapo

тонометр

muchina wekuyeresa BP

хворий / здоровий

kurwara / kugwinya

лікарня - chipatara

сигнал тривоги

bhero

напад

kurwisa

Допоможіть!

Maiwe!

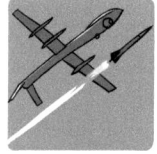

атака

kurwisa

небезпека

ngozi

аварійний вихід

pekupuda napo zvechimbi-chimbi

вогнегасник

chekudzimisa moto

аварія

tsaona

Вогонь!

Moto!

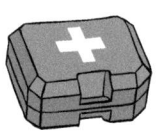

аптечка

zvinhu zvefirst aid

СОС

SOS

поліція

mapurisa

Європа

Europe

Північна Америка

Kuchamhembe kweAmerica

Південна Америка

Kumaodzanyemba kweAmerica

Африка

Africa

Азія

Asia

Австралія

Australia

Атлантика

Atlantic

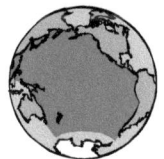

Тихий океан

Pacific

Індійський океан

Nyanza yeIndia

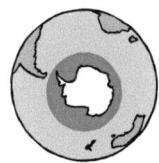

Антарктичний океан

Nyanza yeAntarctic

Північний Льодовитий океан

Nyanza yeArctic

Північний полюс

Kuchamhembe

Південний полюс

Kumaodzanyemba

Антарктика

Antarctica

Земля

Nyika

суша

nyika

море

gungwa

острів

chitsuwa

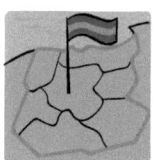

нація

nyika

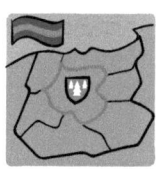

держава

nyika

циферблат

wachi

годинникова стрілка

chinongedza awa

хвилинна стрілка

chinongedza miniti

секундна стрілка

chinongedza masekondi

Котра година?

Inguvai?

день

zuva

час

nguva

зараз

izvozvi

цифровий годинник

wachi yemanhamba

хвилина

miniti

година

awa

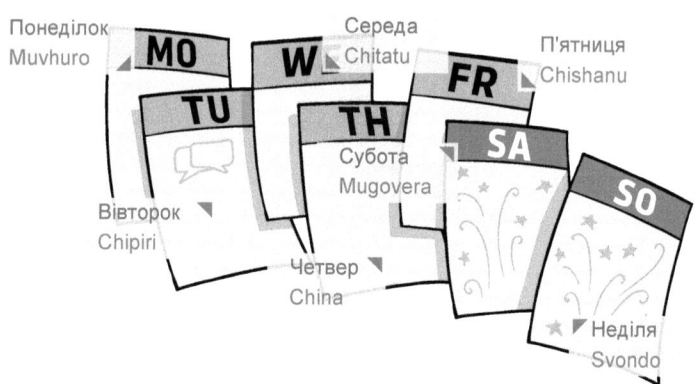

Понеділок
Muvhuro

Середа
Chitatu

П'ятниця
Chishanu

Вівторок
Chipiri

Субота
Mugovera

Четвер
China

Неділя
Svondo

вчора

nezuro

сьогодні

nhasi

завтра

mangwana

ранок

mangwanani

опівдні

masikati

вечір

manheru

робочі дні

mazuva ebasa

кінець робочого тижня

kupera kwevhiki

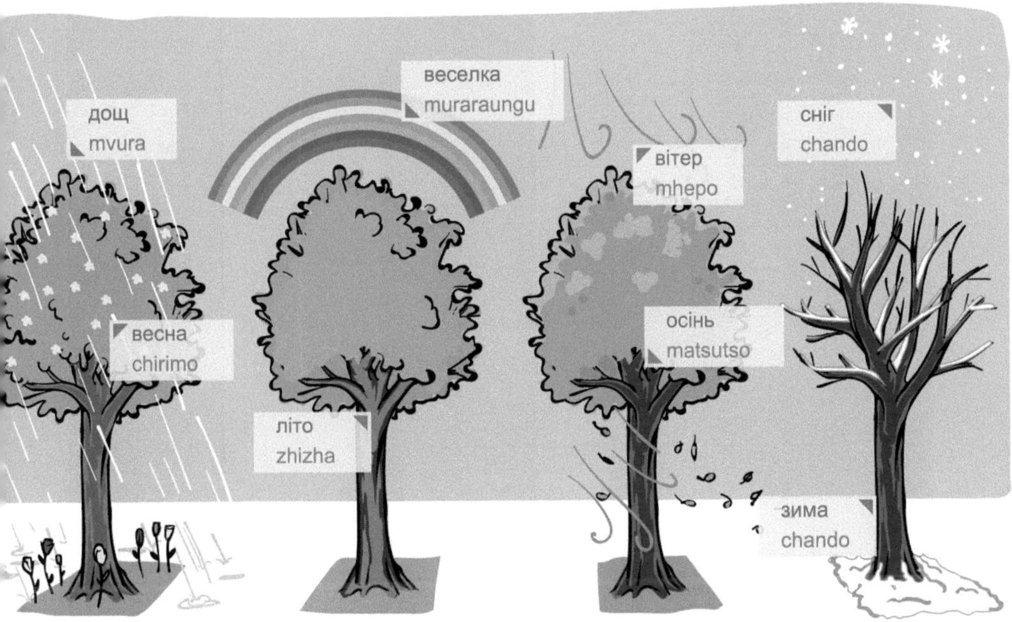

дощ
mvura
веселка
muraraungu
вітер
mhepo
сніг
chando
весна
chirimo
осінь
matsutso
літо
zhizha
зима
chando

4.APRIL 11°
5.APRIL 4°
6.APRIL 13°
7.APRIL 8°
8.APRIL 10°

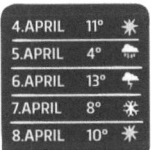

прогноз погоди

mamiriro ekunze anofungidzirwa

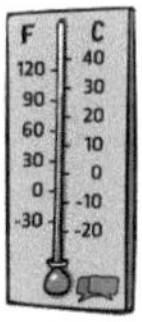

термометр

chekutoresa tembiricha

сонячне світло

zuva

хмара

makore

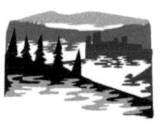

туман

mhute

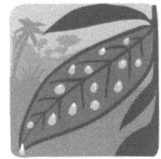

вологість повітря

hunyoro

блискавка

mheni

грім

kutinhira

шторм

dutu

град

chivhuramabwe

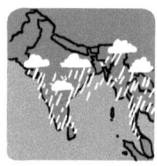

мусон

mhepo ine mvura

повінь

mafashamo

лід

mazaya echando

Січень

Ndira

Лютий

Kukadzi

Березень

Kurume

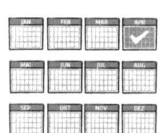

Квітень

Kubvumbi

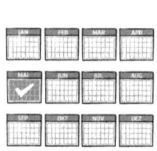

Травень

Chivabvu

Червень

Chikumi

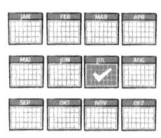

Липень

Chikunguru

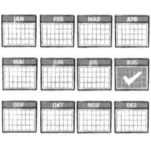

Серпень

Nyamavhuvhu

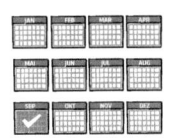

Вересень
....
Gunyana

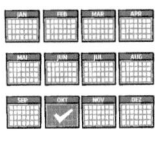

Жовтень
....
Gumiguru

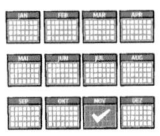

Листопад
....
Mbudzi

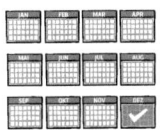

Грудень
....
Zvita

форми

mashepu

круг
....
denderedzwa

квадрат
....
sikweya

прямокутник
....
rectangle

трикутник
....
triangle

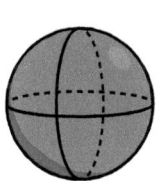

куля
....
bhora

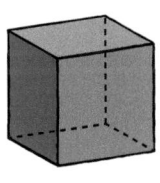

куб
....
bhokisi

білий

chena

жовтий

yero

помаранчевий

orenji

рожевий

pingi

червоний

tsvuku

фіолетовий

pepuru

синій

bhuruu

зелений

girini

коричневий

kaki

сірий

gireyi

чорний

nhema

багато / мало

zvakawanda / zvishoma

лютий / мирний

hasha / dzikama

гарний / бридкий

naka / shata

початок / кінець

kutanga / kuguma

великий / малий

hombe / diki

світлий / темний

jeka / rima

брат / сестра

hanzvadzikomana /
hanzvadzisikana

чистий / брудний

chena / sviba

завершений /
незавершений

kwana / kusakwana

день / ніч

masikati / usiku

мертвий / живий

yakafa / mhenyu

широкий / вузький

pamhamha / tetepa

їстівний / неїстівний

unodyiwa / haudyiwi

злий / дружній

utsinye / mutsa

збуджений / нудьгуючий

kunakidzwa / kufinhwa

товстий / тонкий

kobvuka / tetepa

спочатку / востаннє

kutanga / kupedzisira

друг / ворог

shamwari / muvengi

повний / порожній

rakazara / hairina kuzara

жорсткий / м'який

oma / pfava

важкий / легкий

rema / reruka

голод / спрага

nzara / nyota

хворий / здоровий

kurwara / kugwinya

незаконний / законний

zvisiri pamutemo / zviri
pamutemo

розумний / дурний

kungwara / kupusa

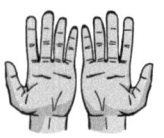

вліво / вправо

ruboshwe / rudyi

поруч / далеко

pedyo / kure

новий / використаний

matsva / matsaru

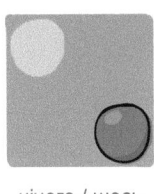

нічого / щось

hapana / chiripo

старий / молодий

kuru / duku

вкл / викл

batidza/dzima

відкрито / закрито

vhurika / vharika

тихо / гучно

nyarara / ruzha

багатий / бідний

mupfumi / murombo

правильно / неправильно

chakanaka / chakaipa

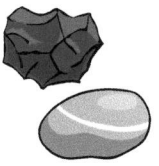

шорсткий / гладкий

kukasharara /
kutsvedzerera

сумний / щасливий

kusuwa / kufara

короткий / довгий

pfupi / refu

повільно / швидко

nonoka / kurumidza

вологий / сухий

nyoro / oma

гарячий / холодний

dziya / tonhora

війна / мир

hondo / rugare

протилежності - misiyano

0

нуль

zero

1

один

potsi

2

два

piri

3

три

tatu

4

чотири

ina

5

п'ять

shanu

6

шість

nhanhatu

7

сім

nomwe

8

вісім

sere

9

дев'ять

pfumbamwe

10

десять

gumi

11

одинадцять

gumi neimwe

12

дванадцять

gumi nembiri

13

тринадцять

gumi netatu

14

чотирнадцять

gumi neina

15

п'ятнадцять

gumi neshanu

16

шістнадцять

gumi nenhanhatu

17

сімнадцять

gumi nenomwe

18

вісімнадцять

gumi nesere

19

дев'ятнадцять

gumi nepfumbamwe

20

двадцять

makumi maviri

100

сто

zana

1.000

тисяча

chiuru

1.000.000

мільйон

miriyoni

англійська

Chirungu

американська англійська

Chirungu chekuAmerica

китайська
високочиновницька

Mandarin yekuChina

хінді

ChiHindi

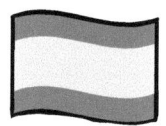

іспанська

ChiSpanish

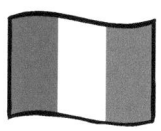

французька

ChiFrench

арабська

ChiArabic

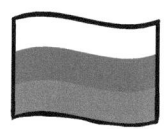

російська

ChiRussian

португальська

ChiPortuguese

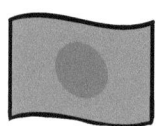

бенгальська

ChiBengali

німецька

ChiGerman

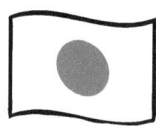

японська

ChiJapanese

я
ini

ти
iwe / imi

він / вона / воно
iye

ми
isu

ви
imi

вони
ivo

хто?
ani?

що?
chii?

як?
sei?

де?
kupi?

коли?
riini?

ім'я
zita

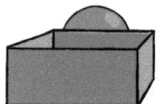

ззаду

seri

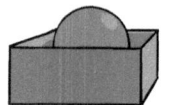

в

mukati

перед

pamberi

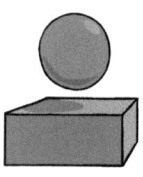

над

nepamusoro

на

pamusoro

під

pasi

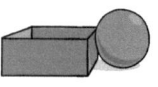

біля

divi

між

pakati

місце

nzvimbo